OCEANO

tao

Edival Perrini

OCEANO

– poesia quase da vida inteira –

Oceano: poesia quase da vida inteira

TAO Editora

Publishers Edgard Blücher
Editor Eduardo Blücher
Coordenador editorial Rafael Fulanetti
Coordenação de produção Andressa Lira
Produção editorial Kedma Marques
Preparação de texto Bárbara Waida
Revisão de texto Lidiane Pedroso Gonçalves
Diagramação Thaís Pereira
Capa Laércio Flenic
Imagem da capa Impressão, nascer do sol, Claude Monet (1872). Óleo sobre tela, 63 x 48 cm

tao

Rua Pedroso Alvarenga, 1245, 4° andar
04531-934 – São Paulo – SP – Brasil
contato@taoeditora.com.br
www.taoeditora.com.br

Segundo Novo Acordo Ortográfico, conforme 6. ed. do *Vocabulário Ortográfico da Língua Portuguesa*, Academia Brasileira de Letras, julho de 2021.

Dados Internacionais de
Catalogação na Publicação (CIP)
Angélica Ilacqua CRB-8/7057

Perrini, Edival
Oceanos: poesia quase da vida inteira / Edival Perrini.-- São Paulo: Tao, 2024.
336 p.

Bibliografia
ISBN 978-65-89913-17-7

1. Poesia brasileira I. Título

24-1313 CDD B869.1

Índices para catálogo sistemático:
1. Poesia brasileira

Para Edy e Valdyr, águas primeiras de onde vim,
para Cleuza, cúmplice em intensos oceanos,
para Luciana e Fernando, Rodrigo e Ana, e Cláudio,
sangue nosso sonhando em corações novos,
para Giovanna e Ian, porque o infinito é possível.

Agradecimentos

A presença amorosa e crítica de Jandyra Kondera e Luiz Alberto Pena Kuchenbecker, poetas, amigos e parceiros do Encontrovérsia, foi catalizador para a existência de Oceano. É uma sorte e um privilégio tê-los perto.

Obrigado!

Entre sem bater

Edival Perrini é psicanalista e poeta. Melhor dizendo: poeta e psicanalista. Nasceu e mora em Curitiba.

Costuma dizer que a poesia assim como a psicanálise se alimentam do infinito, do nosso passado-presente-futuro oceânico, cada uma delas à sua maneira. Dimensões que despertam nele enorme curiosidade, espanto, pancada de arrepio.

Essas duas dimensões, poesia e psicanálise, em seus distintos jeitos se embebem do infinito.

No entanto, posso dizer que em Edival a poesia nasceu primeiro. O *Oceano* habitou o menino em noites sombrias no sótão da avó: *infância/ um sótão/dois dedos de céu/poços de mistério.*

Sua avó tinha um armazém de secos e molhados a dois quarteirões da casa de seus pais. Quando criança era o lugar, além da casa de seus pais, que o menino mais frequentava.

O armazém era um lugar misterioso. Tinha de tudo naquele armazém e a granel: arroz, feijão, bolachas, suspiro.

O armazém era também a casa de sua avó. Nessa casa tinha um sótão, com uma inclinação no telhado, e o menino de dez anos quando dormia lá adorava ficar de pé na cama para alcançar o teto. Ali era o único lugar que ele alcançava o desvão.

Em nenhum outro lugar o menino conseguia tocar as alturas.

Durante a noite no sótão, o menino avistava as palmeiras que ficavam no quintal da casa. Frequentemente elas se agitavam e criavam barulhos. O movimento das palmeiras soava terrível.

Sótão

Bugigangas pulsam o menino.
Janelas inventam palmeiras,
estrangulam ventos.
Ruídos constroem terrores.

O menino encontrou um álibi para se acalmar e dormir no sótão sombrio e misterioso.

Escrever.

Foi ali naquele sótão que o poeta nasceu. O poeta despontou ao descobrir que escrevendo se sentia acompanhado nos seus medos e curiosidade.

Foi ali naquele espaço situado entre o forro e a armação do telhado que Edival aprendeu que poderia transformar o terror e o prazer em uma outra coisa, por meio da palavra escrita.

Não qualquer palavra, mas aquelas palavras, como diz Bachelard, *que se acham em floração, em plena vida, palavras que o passado não havia concluído.*

E algum dia será?

Quando sua avó morreu grande parte do que aquele armazém continha, Edival trouxe para sua casa e usa até hoje, em especial, o pegador de suspiro.

O escritório, no sótão de sua casa onde passa horas lendo, estudando e escrevendo, tem exatamente a mesma inclinação no telhado.

Em 2001, Edival publica *Armazém de ecos e achados* com poesias escritas durante o seu percurso de formação em psicanálise.

Na capa do livro encontramos o desenho do armazém e sótão da casa de sua avó, criado pelo artista plástico Poty Lazzaroto.

Ecos da infância são reavivados, curiosidade, espanto e pancadas de arrepios se multiplicam.

Neste período o destino de Edival é definitivamente selado: poeta e psicanalista.

Norte

Repudio a chuva fina:
mesquinha, indecisa, à toa.
Ou tempestade me assina
ou me rasgo, se garoa.

Edival criou, com alguns poetas, e participa há mais de quarenta anos do Grupo Encontrovérsia para estudar e discutir o fazer poético. O início de tal união se deu em um evento na Casa do Estudante Luterano, onde os integrantes se conheceram. A partir de junho de 1980 formaram o grupo Encontro, que passou posteriormente a chamar-se Encontrovérsia, em 1985. Publicaram várias coletâneas ao longo desses anos e têm vasta produção individual.

Em 1972, Edival publica *Entre sem bater,* quando cursava o quinto ano de medicina. Em 1980, *Poemas do amor presente;* em 1986 *Olhos de quitanda;* em 1993 *Pomar de águas;* em 2001 *Armazém de ecos e achados;* em 2009 *O olho das águas.*

Já havia lido e apreciado quase todos esses livros, mas com *Oceano* percorri a trajetória do poeta. Neste livro encontramos poesias inéditas escritas entre 2010 e 2022 e algumas já publicadas nos livros citados anteriormente.

Em *Entre sem bater,* sua primeira publicação, o jovem poeta contempla a natureza utilizando seus elementos para versejar sobre o amor, saudade, tristeza: *naquela praia existe um morro/ naquele morro uma pedra existe/ naquela pedra jazia um peixe/ impressionou-me o olhar daquele peixe/ ele continha uma saudade enorme, fatal/definitiva/ custou-me lágrimas olhar o olhar daquele peixe.*

Ao longo dos anos os versos se tornam mais curtos e concisos, os elementos terra, água, ar, fogo e sonho ganham dimensão.

O primordial insubordinado do oceano se faz cada vez mais presente em um fazer poético com significado plural, ambíguo que causa estranheza e nos leva a refletir muito além do ponto que nos encontrávamos antes de conhecê-las: *guardar o mar na retina/feito um cisco que a dor/ afina e fere e fixa/ marcar pra não esquecer/ o mar, e não suas ondas/ não sua cor, nem sua luz/ mas o mar enquanto fonte/oceano.*

Saio do *Oceano* e o deixo guardado naquele lugar onde se quer voltar mil vezes e mais uma para perder o medo de me afogar nas poesias, nas fraturas da vida que elas revelam e para estar à altura da entrega que os versos criados por Edival merecem.

Convido o leitor a fazer o mesmo.

Ah! E o que dizer das palmeiras?

Entressafra

O silêncio gesta o poeta
como a palmeira suas palmas.

Não há vento.

Falta uma senha que empurre,
entranhas afora,
a poesia.

Vera Lamanno-Adamo
Psicanalista e escritora.
Autora de *Vivendo na Fronteira: psicanálise e arte,*
entre outros livros de psicanálise e literatura.
Membro da Sociedade Brasileira de Psicanálise de São Paulo e da
Sociedade Brasileira de Psicanálise de Campinas.

A vida é crua. Faminta como os bicos dos corvos.
E pode ser tão generosa e mítica: arroio, lágrima
Olho d'água, bebida. A vida é líquida.

(Hilda Hilst / Do desejo)

Conteúdo

Nota do autor

Oceano reúne a poesia quase da minha vida inteira. Os poemas estão apresentados em ordem cronológica decrescente. O privilégio da vida e do estar vivo me permitem acreditar que alguma poesia ainda me espera por aí.

Os poemas inéditos são inéditos em livro. Alguns foram publicados em mídia eletrônica.

Poemas são criaturas vivas como o poeta e se transformam.

Os publicados anteriormente receberam nova leitura, algum ajuste, e perderam versos desnecessários.

Busquei a essência da poesia, esse mistério que só é reconhecido quando (e se) o encontramos.

POEMAS INÉDITOS
(2010-2022)

Guardar o mar na retina
feito um cisco que a dor
afina e fere e fixa.

Marcar pra não esquecer
o mar, e não suas ondas,
não sua cor, nem sua luz,
mas o mar enquanto fonte
oceano.

Das palmeiras

Para ver você
luminosa
são de treliças as palmas,
são de desejos os ventos.

Eu não lembro,
mas lembro tão bem,
e isto é o que me assombra:
havia um pedaço de mar
e nós inventamos as ondas.

Ressaca

De dentro desta marola,
um frenesi.

Na madrugada de lua cheia,
o mar morderá nacos de praia,
derrubará muradas, calçadas,
palmeiras.

Depois
retornará nauseado
ao leito de sua calma lunática.

Fim de festa

A reboque de carro qualquer,
asfixiado pelo rush urbano,
o barco nada lembra do mar,
do sol,
das gaivotas.

Naufraga.

Sorriso pleno
maré cheia da noite

olhos recolhem estrelas.

Construir andaimes
equilibrar-se sobre o silêncio
não encontrar palavra que dê conta
da ventania do seu sorriso.

Manhã

Suspensas as trevas,
o dia.

O sol diz coisas entre névoas.

Quando ouvir,
direi.

Folhas de outono

O pra lá e pra cá da canoa,
desligada de motor
e de qualquer sentido ou direção,
desfolha o verão,
antecipa ares de outono.

Inverno

Hálito cínico
não tece nem constrói,
mói.

Nada tenho com este frio.

O sol borrifa em mim
a canção dos barcos,
o matreiro vento do verão.

O hálito da neblina
turva primeiro, depois
publica o sol.

Se a chuva se despe
e o sol escorre
lunático,
a leveza do arco-íris
ilumina
potes de versos.

Simples

A melhor ideia do inverno,
a primavera.

O fio da vida

Quando o nó se desfaz,
o tempo traz o que é
claro,
nítido, contundente.

Desfeita a cerração,
a vida pode ser luz
e algumas vezes
é.

Hoje
o fio da vida
se desenrola,
se estica, se convulsiona
até ressurgir,
laranja de sol nascente.

Primavera

O que dá sustentação ao voo
é o canto,
não as asas,
não a coragem,
não o instante azul do céu.

O que dá sustentação ao voo
não é a genial arquitetura,
mas o cheiro
da vida que chega.

Crônica de verão

Num piscar de olhos
despencou a chuvarada.

Na falta de assunto,
como perguntar agora
será que vai chover?

Gaiola

Distante da vastidão do mundo,
seu canto me cala.

Escultura

em memória de Francisco Brennand

Inteira,
a forma se põe dentro de mim
e desafia.

Imensa,
a pedra respira limpa
e desarruma.

Emergência

Você
quando emerge dentro de mim
e estou só.

Poeminha mineiro

O mar em paz.
O amor em paz.

Desconfie.

Na árvore da praça

Esculpido a sangue
e canivete,
este coração
é você
quando você tinha coração.

Era para ser um poema,
era feito mel e colmeia,
mas entre trancos e barrancos
perdi a pilha da ideia.

O risco

O risco clama por ênfase,
sublinha,
acorda a alma.

O risco exorciza,
anula o que não pode
jamais
ser flor.

Poder riscar:
sutil essência,
raiz.

Abrigo

O vento sul me transtorna

náufrago de noite interminável,
resta-me o fulgor da tela em branco

sobreviver é permanecer exilado
dentro do poema
que não fiz.

De novo, o poema

A busca carnal pelo poema
deve ser a busca pelo amor
não correspondido, o seio pleno
de leite vazando no vazio
a cada nova tentativa em vão
da boca.

A busca infernal pelo poema,
a sobrevivência selvagem
do poeta, é sonhar, alucinar,
sugar a luz calorosa das
palavras. Depois, descansar
nos versos.

No sonho e no poema,
por não poder,
me distraio.

No sonho e no poema
há um poço,
fonte que vaza versos,
se ouço.

No sonho e no poema,
por não poder
é que posso.

O espelho e algumas dores
insistem:
sumir com o menino.

Ao tempo,
só os sonhos sobrevivem.

Avô

Antes,
eu queria a paz de crianças dormindo.

Elas cresceram
e nem dormem mais aqui.

Hoje,
me reencontro na paz dos legos.

Eles me modelam
avô.

Marinha

para Gerson Guerra

Tristes barcos esperam o azul.

A vida escoa na areia,
não se movimenta.

Existe um sonho
capaz de romper a névoa.

Torto ou contraído,
navegar.

Escuro enigma

A barata,
ao sair
distraída
de um livro de Clarice,
passeia
turista
pela orla.

A barata ilumina escurecendo.

Dos desejos,
fazem-se as portas.

Tortas estradas improváveis
brilham no vazio.

A onda que não quebrou no mar
estoura a praia noturna.

Onde a porta
que corta
as furnas da insônia?

A noite

De entardecer em entardecer
faz-se a noite,
e a minha noite.

A noite que agora se faz lá fora
repete-se,
e se repetirá.

A minha noite é única,
sutil tessitura,
coisa viva de carne e ossos
que fia
para acolher depois
o nada.

Corpo

O que não cabe em palavras,
cabe no corpo. E o corpo,
quando diz *dá* ou quando diz *é,*
carrega um mundo além do meu.

A vida é tempo de vestígios
que tenho para decifrar
o que o corpo conhece e
diz em espasmos difusos.

A explosão é iminente.
Meu corpo é corpo de delito.

O que cabe neste corpo?
Se me incito, ele assombra.
Se me calo, ele grita.
Se me escondo, ele mostra.

Dilúvio

Na foto fora de foco
não está a imagem
verdadeira que evito?

Se me reconheço nela,
e se cala a dúvida
teimosa
que não se calava,
isto é cair em si?

E o trovão que vem depois
é anúncio da tempestade,
ou sinal
de que ainda cabe uma arca?

Assombro

em memória de Eli Heil

A flor que me surgiu
é uma pedra-ovo
estatelada em amarelo-mar.

E como soube a pedra assombrada,
saber-se pedra,
sonhar-se ar,

a nascente explosão da flor
rompeu a lógica,
e a condição mineral
respirou.

"A luz é como a água"
em memória de Gabriel García Márquez, o Gabo

selvagens baleias
mergulham das nuvens,
me acendem, me excitam,
amparo de dúvidas

centauro marinho,
promessas de mar,
sereias, seus cantos
caminho das Índias?

selvagens baleias
habitam as nuvens,
se as vejo, se ouço
seus surdos vestígios

agarro a fumaça,
mergulho sonhante
em mares, entranhas,
gritantes silêncios

A ilha

A ilha interrompe o prumo do horizonte,
põe vírgulas na utopia,
põe graça de reticências no litoral.

Não saber o nome da ilha
me permite batizá-la,
surfar sobre sombras.

Por vezes,
a ilha que interrompe o prumo do horizonte
é um ponto final.

Esta ilha eu evito,
ela me põe triste como a neblina.

Nome

Coisa avulsa,
papel abandonado ao vento,
sucata.

Só dentro de alguém
o não-ser do nome
ganha carne
polpa
mistério que me permite chamar
você
pelo nome.

A roda

Quando o rio cansa de ser
líquido,
fluir, fluir,
suas águas evaporam.

Quando as nuvens cansam de ser
efêmeras,
voar, voar,
suas névoas despencam.

Quando a chuva cansa de ser
lírica,
pingar, pingar,
suas águas rodam-se rio de novo.

O OLHO DAS ÁGUAS
(2009)

O mar

Batismo

Fazer-se ao mar
como quem se joga num abraço,
e respira.

do mar
fazer um poema

oferecê-lo
a quem anda esquecido
de mar

Mar aberto

Por frestas,
toco a luz que se escancara
para além dessas treliças.

Por farpas,
tenho gotas de oceano
e sede, e sede,
e sede.

Identidade

("Guará reaparece no litoral depois de três décadas", Gazeta do Povo, *primeira página, 26/08/2006)*

Um casal de guarás
inquieta
o céu desta cidade.

Forasteiros,
buscam antigos cheiros
novos.

Sem seus voos
Guaratuba é falsa,
um mar de praias desbotadas.

Flerte

A canoa
na areia
espia

O mar não se contém.

O remo

Na marra
(e na boa)
o remo contém
a farra
 da canoa.

O surfista

Olhos de águia
percebem,
sobre o hálito do mar,
estrelas.

O corpo abre um talho na água.

Entre vagalhões,
a prancha
é lança e é guerreira.

Soberano,
                o surfista
põe-se de pé
e costura a onda
tantas e tantas vezes
que o fio
                                        interminável
é o da linha do horizonte.

Na areia
a menina sorri,
e molha-se também.

O mar,
sem a volta das canoas,
é meia paisagem.
                    Aguado,
ave à espera do voo.

O rio da praia

Laurentino colhe os dados
que a manhã jogou estranha.
Só quer saber do horizonte
além do que se vê da ponte
do rio da praia.

Chama os irmãos para o ganho,
enche a canoa de mar.

Nas horas,
o arrepio da sorte:
um ponteiro na dor,
os outros
na morte?

Dá um beijo na mulher,
faz nenhuma prece antes,
nem pra Iemanjá,
nem pra Nossa Senhora dos Navegantes.

No longe do taboão,
um só trovão ensina,

nada muda a sina
do pescador:
quando se jogam os dados
e dá três,
são três os que não voltarão.

Fim

O vento curioso
e um ocioso pôr do sol
desenham o fim do dia.

O mar soberbo me naufraga.

No meu olhar,
nunca mais tua poesia.

Espanto

Palavras preguiçosas
caem em latim sobre o oceano.

Não há notas suficientes
para uma canção sequer,
mas o coração dispara.

Marulhos

Um sonho feito balão
pressente o rumo do mar,
que chão de mar é molhado
e liso e fofo e alado
como carece ser chão
pra empinar sonho e gente.

Escafandrista de sonho
não diz que mar não dá pé.
Mergulha os olhos na água,
não dá bola pra marola,
ignora sombra e lama,
olha e vê, como vê!

Vê que gaivota é um peixe
que pulou fora do mar.
Daí que olhar seus avanços,
balanços e acrobacias
traz um ar de nostalgia.
Saudades do vasto mar?

Vê a vida o mareante,
cavalga as algas e areias,
descasca o fruto-mar.
Aí se acendem estrelas,
conchas, polvos e arraias:
há um mar dentro do mar.

Apalpar estas entranhas,
alquimia de sereias,
é reencontrar o menino
que outro dia viu o mar,
e se pôs a perguntar
se o verbo dos princípios
não seria o verbo almar?

Cais

A canoa traz
quando volta
um imenso ponto de interrogação
e gaivotas.

A canoa quando volta
pesca
dos homens
a curiosidade.

Domicílio

Estar na hora exata
como o anzol e o peixe
e alguma brisa.

Depois
fugir das iscas
e fundar domicílio
num pensamento de mar.

A FOZ

Travessia de arrepios
a vida:
ferida exclamada,
hiato de sol,
girassol
ávido por uma foz de cicatrizes.

Cego,
leio em braile
tua geografia.

Entre temperos, carne
e saliva,
espasmos fazem
coreografia.

Quando te penetro,
nos reinventamos
foz.

Passagem

O alvoroço dos pássaros
diz do bom tempo que se vai.

Dentro de sua sombra
invisível
perece o azul,
último alecrim antes da chuvarada.

Sêmen ao vento,
musgo no muro.

Cerca viva.

Estrela

Penetrar
a lua nova
pela linha do horizonte.

Depois,
aguardá-la sobre o mar
plena de enigmas.

Asas da sua voz
devaneio.

Veios do seu amor
meu anseio:
ser dois
pra singular
depois.

Foz

Vêm o balaio e a canoa,
volta o homem pra mulher.

Coisas molhadas de espera.

O RIO

A vida por um fio,
lá fora chovendo canivetes

Deboche

No meio da chuvarada,
escapando da ventania,
um raio de sol.

Lição

A poesia existe antes do poeta
e é pronta,
com suas letras e sílabas
e ritmo.

Ao poeta cumpre
desembaraçar as palavras
e semeá-las,
avenca para não muitos olhos.

Tempo

Temperatura em elevação,
nuvens isoladas de ausência.

Nebulosidades aumentam
no decorrer do período.

Ao pôr do sol,
pancadas de saudade.

Rush

Buzinas espalham pardais
no ocaso congestionado:
é caco de pio pra tudo que é lado.

fiar do desejo
a saudade

descansar
como quem vigia

A morte da acácia

O vento mete-se por debaixo da acácia,
busca intimidades,
estremece raízes.

Bailarino,
planta-a no ar
como se a árvore
fosse uma ideia,
uma raia,
uma boa-nova.

Depois o vento vai embora.

Do amarelo vértice
novo
(soluços da acácia sobre o chão)
permanece o espanto.

O vento borrifa de lágrimas o rosto do bairro.

Ócio

Sanduíches de brisa
e um farnel de gorjeios.

O caminho do sol sugere.

Nesta manhã
nem as formigas trabalham.

Obsessão

A formiga dá as costas para o mar
e trabalha.

Resignada,
vê apenas a luz do dever.

Nada lhe diz a brisa,
nem os caminhos tortuosos do amor.

A formiga dá as costas para o mar
e trabalha:
voar não lhe faz nenhuma falta.

Elixir

Colher fluidos do olhar
como formiga.

Lamber a seiva da malícia
como abelha.

Reter mistérios da luz
groselha.

Beber o viço agreste
da espiga.

Tempero

O triz que me abraça
ao murmúrio
que as coisas têm.

Fiação da sombra

Alheia
aos bombardeios,
a palmeira fia.

No vazio,
caminho livre do nada,
algo
se rompe.

Vago,
o tecido de folhas
preenche-se
como a água mergulhada no copo
vazio.

Entre a fumaça funda
e o olhar
que busca a intenção da palmeira,
funda-se
a palavra sombra.

Itinerante

A manhã
espessa de orvalhos
pulsa.

À tarde,
passo a passo,
recolho travas.

Anoiteço
leve
como um quintal.

A alga

Verte
do verdor
da alga
algo
além da cor.

Talvez
ao ver-se
vista,
a alga
pulse
o coração
de ciscos
e
a verdura
do verbo
alga
musgue
o olhar.

Talvez
ao me ver
vendo-a,
a alga
veja-se
tocada:
verde, verde,
verde.

A CHUVA

A cerimônia das nuvens

I

Imenso papel azul
estende-se sobre a Terra.
Plural o que nele cabe,
acolhe a palavra nuvem.

A nuvem é singular
no mundo-dicionário,
mas, se livre, é ave lépida,
vive em bandos, coletiva.

De seu ninho, vento e água,
flui bálsamo fecundo,
e a bruma deste cio
exige contemplação.

2.

Não cabe no peito
a cerimônia das nuvens
quando tinge de arabescos
o papel azul do céu.

É quando as nuvens estouram:
surgem velas peixes
monstros
bizarros gigantes que andam.

Se olhamos, não colhemos
a completa intenção
do celeiro transformante.

Mudam sempre os enredos
por contínua invenção?
Ou as formas são andantes
pois que buscam posição
para espiar nossos segredos?

Incomunicáveis,
as nuvens tecem casulo
de onde voarão
estrelas.

3.

O prazer do movimento
se retira,
ganha o ar novo alento,
geometria.

Surgem retas e quadrados,
olaria,
singular jogo de dados,
sintonia.

Surgem sombras ao esquadro,
contramão
de desejos ansiados,
ilusão.

Popular ensinamento
denuncia:
céu pedrento é chuva ou vento,
poesia.

4.

O dentro da palavra céu
esconde a seiva e os vapores,
tintura de sonhos e cores,
da alma das algas do mar.

Cardume de tintas agrestes
esculpe com asas e alarde
fantástica teia no oeste,
a paz em laranja das tardes.

De repente, o movimento
desmancha a fotografia,
rolam pedras, rola o vento
desperta a artilharia.

Céu de britas, não de nuvens,
arrebenta algum tinteiro
que guardava só o cinza,
cor retida em cativeiro.

Livre o cinza se espalha,
não de leve, se amontoa.
Vejo que entra desta dor
no segredo das pessoas.

5.

Encharcado,
de horizonte a horizonte,
vibra o ar
seus arpejos de fonte.

Pressionado,
roga o mar sua origem,
a saudade
impõe às nuvens vertigem.

Abafado,
todo o cinza se encurva,
principia
a cerimônia da chuva.

A FONTE

Infância

Um sótão
dois dedos de céu
poço de mistérios.

Conhecer a verdade da cadeira,
descobrir locomotivas.

Oásis

Entre o pavio da vela
e o começo do fogo,
colher teu nome.

O teu poema
de encomenda
não escrevi.
De todo inútil
dizer aqui
que o meu poema
no seu fazer
não se emenda:
ou eu te vejo
e ele é,
ou é saudade,
ou é a falta
do bem-te-ver.

Sobressalto

Entre o ver
e a certeza de que você está,
há um poço de prazer
e sobressalto.

No assalto desse instante
distraído mareante
me abasteço.

Eu que sou o pedaço,
o bagaço,
solitário caroço abjeto,
com você
fruto completo.

Limão

Humano enredo:
a flor primeiro,
depois o azedo.

Angústia

Nenhum indício de tempestade
se abate
sobre o verão.

De onde
então
este alicate
a asfixiar minha calma?

Entressafra

O silêncio gesta o poeta
como a palmeira suas palmas.

Não há vento.

Falta uma senha que empurre,
entranhas afora,
a poesia.

Sorte

Caem pétalas de som
do bem-te-vi meu vizinho:
bem-te-escuto, mal-te-vejo,
bem-te-quero passarinho.

Agora é vital:
buscar o caminho de volta
pro quintal.

Carente de chão,
do jogo frio de lesmas e musgos,
a borboleta lambe
letra por letra
a terra de sua saudade
larva.

Na noite interminável,
onde um galo
pra gritar
que amanheceu?

Resignar-se à dor
diante do que demora
para ser
um ponto final

andar sobre vírgulas,
engolir reticências
até que sangre
o nu.

Vésperas

No princípio é a luz do verbo.

Dentro da luz,
botão de flor das vésperas,
o verbo.

Dentro do verbo em luz,
a madrugada das palavras.

No princípio é a luz do verbo.

Se me toca,
falo.

ARMAZÉM DE ECOS E ACHADOS
(2001)

ÁGUA

Sótão

Bugigangas pulsam o menino.

Janelas inventam palmeiras,
estrangulam ventos.

Ruídos constroem terrores.

Quintal

para Luciano Marcondes Godoy

A hera assenta raízes.

Esguia, cruel e vagarosa,
a viçosa é.

Rarefeito,
chia no peito o ar.

Pra dentro do quintal invadido,
o tempo não derrete o dolé,
o sonho,
nem o chumbo dos meus soldados.

O time de botões, as raias
e os balões
continuam seus voos magníficos.

No eletrocardiograma,
bolas de búrico me sustentam.

Travesseiro

Arte do menino travesso:
plantar a cabeça
e sonhar.

Poente com crianças

No jogo de amarelinha,
crianças tropeçam nas cores.

O vento voa telhas.

Do sótão,
estrelas pescam o menino.

Retrato

Perdida a conveniência das nuvens,
águas alucinadas ganham o mundo.

Nestas águas me reconheço.

TERRA

Cansados de mar,
pedaços de terra espiam:
arquipélago.

Terra

Na via láctea,
um poço.

Existe algo mais plural?

Chão

Diria bairro,
não fosse berço.

Diria árvore,
não fosse rede.

Tarumã:
amarro aqui as pontas das minhas pedras.

Variações em torno de Curitiba

I

Teu frio
Curitiba
vicia-me em abraços.

II

Lua cheia no Barigui:
quem disse que não tem mar aqui?

III

Atrás do lençol de nuvens
Curitiba
meu exercício de sonhos.

IV

Não suporto mais:
é agosto demais
no meu dezembro.

V

Plantei teu pinhão:
nasceu-me a gralha-azul.

VI

na sua manhã
Curitiba
respiro a cerração
das nuvens que dormiram com você

Resistência

Inteira,
à beira da civilização virtual,
a feira.

FOGO

Amor

Apesar de sua induração,
o ferro,
renitente e inflexível,
consente à umidade
o gozo escarlate da ferrugem.

A fala que atropela as palavras
cala, no parapeito da voz,
relâmpagos.

Gênesis

O desejo
explode a árvore do pecado original.

Seiva de maçãs,
cordão de raios e luz,
derrama-se.

Se tua luz não me atravessa,
atravessado eu fico,
no meio da página.

Paixão

Eu perdido
pelos achados que você nem desconfia.

A paixão desata.
Sandice das águas,
cataratas.

O mar
quando molha tua saia
fecunda de sereias
nossa praia.

Travessura

Com olhar de soslaio,
é assim que eu te curto.
E você? Nem percebe
a delícia do furto.

Sei-os bem
como sei em ti meus olhos:
cheios.

Sol-posto

Sustento nas cores poentes
seguras braçadas a ti.
Aí é a hora, um celeiro.
Aí te jantar, minha aurora.

Simples

Entre nós,
esta membrana.

Larga,
para sustentar diferenças.

Tênue,
para reinaugurar
o amor.

Determinação

Te quero
ruela acima.

Te amo
ruela abaixo.

Minha vida?

Esta ruela-avenida,
freeway
e sem saída,
pelo teu bairro.

A moça e a ponte

A ponte é longa
e a moça que a atravessa
tem as cores luminosas do verão.

De tão longa a ponte,
a moça solta-se e canta e dança
e nem os pilares frios da ponte
escapam do seu encanto.

A graça longa da moça
é feita de tantos temperos
que o ritmo da vida
cede e se comove.

Não há no ar o menor indício
mas no final a ponte prepara
um precipício.

AR

Entre o absoluto copo
e a possibilidade água,
a vida fênix.

Espiritual

O tempo na adega
põe alma
nas asas do vinho.

A poção,
ungida de rubro,
inaugura-nos.

Norte

Repudio a chuva fina:
mesquinha, indecisa, à toa.
Ou tempestade me assina
ou me rasgo, se garoa.

Mapa

Quando a luz assalta,
o silêncio é guia.
Se fugir é falta,
ausência é poesia.

Alvo

Beber nas gotas de orvalho
o leite da manhã.

Erguer o sol até o zênite
e antes que a tarde venha,
iluminar-se.

A seta e o alvo

Lavar o rosto das manhãs
e esperar o sol
de um dia sem máscaras.

Abrir-se em tato,
respirar o que sobrou da noite,
desenhar um caminho.

Alquimia

Onde o espectro da luz
se o que vejo
em todas as esquinas
é o neon filosofal do entulho?

Céu arisco.
Estrelas de outono,
belisco.

Eu deserto.
Só visagens
por perto.

Enquanto alguns cantam parabéns,
o do aniversário
cismado
sozinha-se pelo tempo novo.

Do Natal,
quero o Natal.

O resto é palha.

Inverno

um ano sem Valdyr Grecca Perrini, meu pai

Os óculos,
braços cruzados na gaveta abandonada,
velam a mesma posição.

O sol,
capaz de mudar a cara de tudo,
nada pode com a saudade.

Ícone

Sem o rito do olhar
que atiça na pele
o mito,

sem o desejo,
lampejo de granito,
celeiro do aço da memória,

sem o abraço da história,
horizonte de um vento
livre,
a escultura não é.

Acabamento perfeito,
feito à mão:
as unhas.

Signos se espalham.
Babel do impossível.
Alfabeto.

Iluminação

A emoção nasceu devagar
e anunciou-se
sol.

Como a aurora,
respirou pedaços de luz:
já era possível ver
o pouco.

Como o soluço,
impossível de não ser quando é,
o dito ao acaso
às três horas da tarde
inventou-se verso:
que tão pouco para tão muito.

Depuração

Buscar
no tráfego dos ruídos
murmúrios.

Tecer
no vínculo dos ritmos
augúrios.

Chegar
na sílaba do verbo
telúrico.

Apetrechos

em memória de Manoel de Barros

Ter uma palavra para não usar:
estepe.

Estrepar-se se ela não está.

Ter uma palavra para não usar
e usá-la
no distraimento vagamundo do não pensar.

Ir errando em seu desuso de estertores.

Quando a escrita acorda,
a seiva de sua forma
é luz.

Inseto,
os olhos sensíveis
mergulham enfeitiçados.

Ler exorciza.

Fiar

para Jandyra Kondera

Eu me fio na palavra estabanada.

Vou com ela
por varais que a vista alada
precisa
por poder não precisar.

Eu confio na palavra distraída.

Busco nela,
borboleta,
o pólen que revela
o verbo,
fio e sela e ar.

No espelho movediço,
tudo isso:
nada.

SONHO

Proa

O sonho é meu pastor, nada me faltará.
Que venham as tormentas, que venha o que vier,
tenho o sonho comigo, o sonho é meu pastor.

O mundo da aparência não me engolirá.
Conheço bem suas manhas, meu ofício é interior:
girassol que é girassol tem proa pro amanhecer.

O sonho é meu pastor, nada me faltará.
Com ele eu teço o mundo, reinvento a via láctea.
Mistérios são bem-vindos, o sonho é meu pastor.

Ou eu busco a verdade ou ela não me achará.
Minha verdade, o sonho, é pomar e é brasão.
Seu universo, os versos, fio do sim e do não.

O sonho é meu pastor, nada me faltará.
Encontro nele a luz, meu alimento e cor.
Que escorra a ampulheta, o sonho é meu pastor.

POMAR DE ÁGUAS
(1993)

Exorcismo

Assopro o farelo da borracha,
espanto a verdade do meu erro.

Destino

Somos menos
do que nos deliram os planos.
A hora que temos
é passado
no apressado engano dos meridianos.

Monotonia

Preso
na areia movediça do tédio
o ventilador ventila.

Rotina

Pelo ralo da rotina
vão-se
letra por letra
os sonhos.

Rotina 2

Pelo vão da rotina
ralam-se
sonho por sonho
as letras.

Voo

Voltar e ir
um verbo só

asa

Fatalidade

Triz
tez do girassol:
estar por um eclipse.

Noturno

A borboleta rege com traços de cor
o mato,
os pássaros descobrem Chopin.

Sina

Eis a lança,
eis o norte enfim.
Sou Quixote e Pança,
mó de mim.

Jardinagem

Com a morte nos olhos,
petalar o ventre de cada dia.

Tarde

Quanto mais não quero a sombra,
mais me assombra o sol.

Erva daninha

Por que daninha
se para te enfrentar
me obrigas
a adorar o verde?

Tardeza

Engarrafamento de tons
no céu
das paredes:
boa-noite, São Paulo.

Incenso

A fumaça tênue da chaminé,
estrangeira forma de gestar comida,
é incenso de ternura
na cidade dos pratos de artifício.

Memória da manhã

A manhã vai longe
quando os pássaros dormem
e as cores sonham
o prefácio do dia.

Tom

Quando a noite invade os pássaros,
voos derramam-se em luz:
manhas da manhã,
pouso feito a bico
com mil gravetos de som.

Sismo

Há vento
e um retorcer de palavras,
vã tentativa de proteger as sílabas.

Há letras
que dilatam o útero do papel,
e desencontros.

Há um vendaval de terror
no epicentro da poesia.

Timbre

Se enferruja o clips que prende a cria
e o poema ainda é poema,
é poesia.

Prosa poética

Quando o vírus da retórica
se ancora
na estrada do poema,
o edema de palavras
prosa
a poesia.

Fertilidade

Cinco sóis habitam os dedos de Helena Kolody.

Sazonam de poesia as palavras.

O vento agarra a folha branca,
examina-a com vigor:
        escuta-lhe as pulsações,
        persegue seus ruídos.

O vento se agarra à folha branca,
venta-a:
        ela escancara o pecado
        original.

Pomar de águas

O mar tem cheiro de mato
quando entro para comer amoras.

A tez do mar diz coisas ao vento,
nela me agasalho
e conheço árvores de jabuticaba.

O mar tem carne de ata,
sua alma é elétrica como as enguias.

Sede

A água tesa no copo cristalino
provoca a água da boca.

O deserto do corpo,
apaixonado,
derrama-se.

Maresia

O mar traz com suas marés
hálitos de um mel marinho.
Itinerantes da praia,
os namorados conchavam.

Ilha do Mel

De tanto buscar flor em ondas,
a abelha molhada de atlântico
fecunda as conchas da areia.

A ilha de mel possuída,
farol feiticeiro de praias,
encanta de sal minhas veias.

Mareante

A tesoura do olhar
corta
as amarras de tuas velas.

Soltos ao mar
eretos
teus peitos insinuam viagem.

Nudez

Exata
em solidão de areia
a cadeira sonha assentar sereias.

Vértice

Homem em pé sobre a canoa
pesca a manhã de cada dia,
noventa graus de poesia.

Ressaca

O lenço rompe o silêncio do bolso.

O pudor do gesto
esconde a maré cheia dos olhos.

Poema para garrafa ao mar

Da letra A de Atlântico
porto-terraço do olhar
vejo você, é mania,
na praia O deste mar.

Na geografia das letras
longe, você nordestina.
Perto, um vento, seu vento,
de norte ao sul minha sina.

E a letra O do Atlântico
tendo você em seu bojo
torna-se letra maiúscula,
melhor: semente ou ovo.

Sombra

tua fruta nunca está onde espero
não te decifro,
enlouqueço e não te laço

me foges sombra selvagem, me enlaças
eco rebelde parido em silêncio

desespero e não te encontro
mas te suspeito onde a vida freme
ágil borboleta azul

O selo

Na beira-mar de plásticos e latas,
a sombra do piche
imprime na pele do pé
o selo da morte.

Sem peixes,
as ondas da falta
são agulhas
e procuram de todas as conchas
os olhos.

Poema de maio

O poema
roça o abril da garganta
e multiplica seu tecido
de palavras.

Será um poema de maio.

Terá a luz da palavra
luz
e o brilho da palavra estrela.

Depois,
haverá o abraço frio do outono
e o verbo
desaparecerá.

Poema quase tácito

Olho a vida sem nenhum sonho
e vejo as cores na textura exata.

Sem nenhum verso,
ponho-me diante das palavras
e cuspo.

Sem nenhum medo,
faço confetes incontáveis
e brinco
afinal
o carnaval dos suicidas.

Evoé língua

Vermelha,
a língua tempera tua carne.

Seus humores fecundam pelos,
buscam furnas
até o incêndio dos gritos.

Depois
a língua retoma a água da boca,
rumina pomares.

Rastro

Pensar teu mato
dando sopa no meu prato
deixa trato de lambida
na libido do retrato.

Sentimento danado,
cada vez que me encontro
não me dou por achado.

Amor eu sinto.
Se explico,
minto.

Armário de quinquilharias:
dois metros de largura,
quarenta anos de profundidade.

Fé

Está no cimento
o concreto mar,
se mar tenho dentro.

Farsas da lua

Bem-aventurada a lua
que sendo uma
é vária em seu itinerário de enigmas.

Bem-aventurada a lua
que sendo plena
é sonho de sol,
pinha de luz no pinheiro negro da noite.

Bem-aventurada a ninfa
que se esconde em luz
onde lunáticos deliram.

Bem-aventurada a fruta
minguante,
pecado desafiando a noite das estrelas exatas.

Bem-aventurado o talvez,
mãe do céu das vésperas,
que língua enquanto nuvens não vêm.

Bem-aventurada a nua
Jaci
cheia de mares
onde cardumes são jorges
e dragões com fome de sede.

Olhos de Dirceu

O galo hasteia
sobre a cidade
a incerteza.
Lira de cores
brinca montanhas,
piam as claves
sol.

A primavera
se faz em ninho
numa janela.
Quem no olhar
e com estrelas
que não se apagam
tece viçosa
luz?

Ei-la sereia:
é o oceano
pleno de mar
dentro do abraço

doce da ilha.
Será Marília
a armadilha,
mulher?

Se entontecem
os girassóis,
manhã estranha,
são dois os sóis,
como girar
agora?

Já não importa
a sinfonia,
a dor é funda,
sobram magias,
faltam teus olhos
Dirceu.

Floresta

Se as mãos de imensas árvores
tocam-se em vegetal abraço,
colhe-se a palavra floresta.

A legião floresta tecida
em fios-árvores incontáveis
é una, árvore singular.

Diferente de árvores-letras
que a escrevem árvore outra,
seus frutos, flores e cheiros
movem-se em traços, são peixes
no enorme aquário do ar.

Diferente é a paisagem
de outras diversas pinturas,
aqui o ver é quem busca os olhos.

Os frutos da árvore-floresta
multiplicam-se em aberturas,
sombras pássaros borboletas,
frutos-fibras que se enlaçam,
tecem a palavra ternura.

ALMANAQUE

Janeiro

Supermercado de pernas
bundas peitos sol ardume.
Quem se lembra de ver o mar?
Ressaca de mar é ciúme.

Fevereiro

Apoteose de cores
em romaria carnal:
São Fevereiro do Samba,
mês-feriado nacional.

Março

A água que vem do céu
é água que sou também.
Em março medito água
na chuva que março tem.

Abril

A alegria das cores
se acua em funil,
se entristece, seca, cai
nestas folhas de abril.

Maio

Mil desejos
iluminam anseios:
sonha-se a flor,
brotam receios.

Junho

O céu de junho entrega,
em seu escuro plural,
uma adega de estrelas
entornadas no quintal.

Julho

O julho de Curitiba,
nó de nuvens e agasalhos,
traz trinta vezes a dúvida,
pro verão quais os atalhos?

Agosto

A geada trouxe, ouvi,
poemas de primavera,
escasso vento de serra
com pernas de bem-te-vi.

Setembro

Ano passa, passa ano
e eu me pergunto daqui,
você viu a independência
passeando por aí?

Outubro

Livre o cio na primavera
leva pios em tom alado.
Se renovam bichos, árvores,
se inauguram namorados.

Novembro

Te ver no mastro enterrada
me traz um frio de abril,
me faz um nó na garganta,
eu choro as cores Brasil.

Dezembro

Trajetória de almanaque,
não tem fim, não tem início.
Há desejos, sempre os mesmos,
há dezembro, um artifício.

OLHOS DE QUITANDA
(1986)

olhos de quitanda
na manga,
tuas polpas

evaporo em você

no abdômen

nuvens

chovem

arrepios

Ser traço
sobre teu ponto,

pronto.

Teu bom dia é tão intenso,
denso, denso,
tanta luz, é tão seguro,
juro, juro,
pra te ver no amanhã,
já-manhã
vou de óculos escuros.

teu nome
escrito a dedo
de nuvem
no lúmen da manhã
azul

segredo

tempestadetempestadetempestadetempestadetempestadetempesta

em triste ser

depois

talvez

cerração

ir
ir
ir
ir
ir
ir-ir-ir-ir-ir-ir-ir-ir-ir-ir-ir-ir-ir-ir-ir-ir-ir-ir-ir-ir-ir-ir-ir-ir-ir-ir-ir-ir-ir-
ir
ir
ir
ir
ir
ir
ir
ir
ir
ir
ir
ir
ir
ir
ir
ir
ir
ir
ir
ir
ir
ir
ir
ir
ir
ir
descobrir

um poeta
duas musas
tresloucados

Cerveja

Transparente na vitrine
da garrafa,
a bendita é mucosa
nua.

Com seu traje a rigor,
no sacrário do boteco,
é a musa religião
cristal.

Se gelada, se adensa
em afagos viscerais
feito olhares de amantes,
antes.

Seu lençol em liberdade
fonte é que me remete
ao azul do mar-espuma,
sonho.

Quando a rezo, sou o mato
de cevada, sol e nuvens,
água de vento e água,
tato.

Se suspira o vidro aflito
face a tiro de pedra exato,
são seus goles destes ais,
raios.

Mas na lata é que é
cio tensão e gozo,
se a sugo com a língua,
voo.

olha aí a contração
da mente,
o desconforto
espasmo-emoção

olha aí a contração
        ação da sensibilidade
viva

olha aí a dor e o
        parto,
e eu parto daqui,
me interno
dentro de mim

mas volto com o poema
                berrando
        no berçário

brotou-me no poema que não fiz
mofo

rumor
rumor rumor
rumor rumor rumor rumor rumor rumor rumor
rumor rumor rumor

chão de rumo nenhum
rumos muitos

terror
flor
geada iminente

Por que nasci
esta mistura
de pedra e de esperança?

Tuas lojas vomitam
deus
e nem a mais voraz
mordida
de homens amuados em filas diuturnas
te sangra
ou abala teu altar
de caixas latas
polietileno.

Cá estou eu.
Muralha dentro da noite
absoluta, e absoluto entre universos.

Que me querem gritar
estrelas tantas e
pungentes,
nesse brilhar contínuo
de conta-gotas?

Que me querem gritar
estrelas tantas, cadentes,
no céu de debaixo da casa?

Cá estou eu.
Rato dentro da noite,
absoluto e absolutamente
lúcido.

Degrau por degrau
te meditar
escada.

me pousa distraído o poema

eu ocupado

o poema grita

                    aspirino-me

Espera
descobri e assino
na primavera
eu hino.

no dia frio e cinza
de Curitiba
o poema espreita

no dia da Curitiba
fria e cinza
o poema hiberna

em que caverna
é o poema
Curitiba?

Tua ausência
me traz
a paz
dos ferros-velhos.

espremer das vaginas
arrepios
pios

sussurros

Há códigos no olhar
se (cristal) os decifro
arco-íris.

no olhar do peixe
        morto
minha vida
comum

como peixe
como pedra
como nada

trinta e três anos
e nenhum motivo para ser
crucificado

despregada do corpo
enrolada
jogada no chão
a camisa é cordilheira de panos
                                                              suor

                                                                        dúvidas

crio
com carinho
o abraço

te abraço

entre hoje e amanhã
vírgula nova

o sol transpõe nuvens

a folha amarela
amanhece

o dia tem uma ideia

crer

p e r s o l v e r a n t e m e n t e

como um galo
comum galo

comungá-lo

atrevida borboleta
entrou
no fato

minha geografia

inspirada
borbeliscou
meu néctar

tua fotografia

me busca e me alisa um cheiro,

tua saliva ferve oceanos

POEMAS DO MENINO APRENDIZ (1972-1982)

Sonhando o poeta
que quem sabe um dia
poderia ser
(Vinicius de Moraes "O poeta aprendiz")

LUARA – GRUPO ENCONTRO
(1982)

Elipse

Esta elipse de rugas sobre os olhos
é teu olho terceiro
        por ele
        tua experiência
        enxerga.

Revolução

Quando entrei na gaiola
e me fiz cativo
como aquele passarinho
senti o poema preso na garganta da tarde
            uma bicada
            porrada
na carne do patrão desta gaiola.

O executivo

Preso
em armadura de pano e papéis,
o executivo.

Na mão,
sua mala é grávida
de anestésicos.

Solta ao vento,
sua gravata
é uma lágrima.

Muros pichados

O *spray*
escreve nos muros
gritos
          por orelhas
          por orelhas
          por orelhas

          porra, orelhas!

Na noite do norte
no canto mais norte do norte
é o sul quem desponta.

No fundo do leste
no canto mais leste do leste
um entardecer é parido.

Os limites todos
tolos
todos

se esfarelam diante do seu olhar.

8° dia da criação

Pois foi que Deus
após a longa semana da criação
se fez triste
e *as trevas que cobriam a face do abismo*
original
habitaram a alma do homem.

Que faço entre luzes
se cor não há
dentro
da criatura?

Pois foi que deus
profundamente ensimesmado
se fez outra vez criador
e extraiu
do lúmen dos astros
da agilidade dos répteis
do enigma dos céus
a essência
do ser novíssimo.

Que faço entre cores
se luz não há
dentro
da criatura?

Soprou então um vento
e depositou,
ao lado das trevas,
a necessidade do simples.

Foi no dia oitavo da criação
que dentro dos olhos do homem-animal
se pôde sentir
pela primeira vez
o menino.

POEMAS DO AMOR PRESENTE
(1980)

Momento único

Um iluminar interior,
um instante de discernimento
exige uma escolha:
ou rompo a terra dura
e realizo meus anseios vitais
ou tombo definitivamente na avalanche do não-ser.

A vida

Inconformado,
farto de ser
preso,
comum meia dúzia
entre um cinco e um sete
acomodados
e não criativos,
o seis abalou sua inércia,
rompeu a sequência numeral
e projetou-se no desconhecido:
fez-se o nove,
inconformado,
farto de ser
preso,
comum três quartos de dúzia
entre um oito e um dez
acomodados
e não criativos.

Terremoto

Forças se inquietam,
latejam e se insurgem.

É o rompimento da inércia,
um broto
rasgando a fertilidade da vida.

Esperança

Me lembra a esperança
olhar, criança, o seu olhar.

É como o olhar do artista:
sorri antes de criar
porque acredita no barro,
e no seu coração.

Momento triste

Pregado no céu,
um arco-íris cinza, branco e preto.

O balão de gás

O que faz o balão
decidido,
capaz de romper a guarda do menino,
largar-se,
se precipitar céu acima,
é menos o gás
e mais um instante corajoso,
um *sei lá* cheio da vontade de ser livre.

Tempestade

O tempo em contração
se desarruma.
Gemem árvores
e o vento faz sofrer
as flores novas.

Escurece.

O tempo em contração
se intranquiliza.
O gemido feroz
da trovoada
denuncia:
é um parto
irreversível,
tempestade.

A luz

A luz acesa
com toda a generosidade do sol
é a teimosia
subversiva
de quem crê.

O guarda-sol

É de giz
teu colorido na areia,
de palha
tuas mãos protetoras.

Bastam pingos ingênuos,
chuvinha desnecessária,
e teu monumento ao sol
implode.

Unidade

Fundamental
no pingo
é manter a unidade,
valentemente,
até se desfazer,
no chão.

Ganhar a noite
recolhendo
perdidas estrelas cadentes.

Dessa janela,
em noite de lua cheia,
o rio do esgoto da cidade
é mais bonito que a cidade.

Erro de vocação

Tão fechada era a janela
que o vento
por ali
desconhecia o caminho.

Era uma janela nascida pra ser parede.

No olhar curioso do aprendiz,
o potencial da semente.
Na habilidade do mestre que ensina,
a esperança do semeador.

ENTRE SEM BATER
(1972)

Há quem ri
quando revido
a existência de vida racional nas estrelas
justificando a sua criação
simplesmente
como um presente de Deus
aos namorados.

Se o coração
não fosse assim
como o estudamos na escola,
eu abriria o meu,
e você veria
quantas e quantas vezes
o seu nome está nele gravado.

Acho que você acharia graça.

A nuvenzinha

Nuvem diferente era aquela.

Pálida e desbotada,
engatinhando no céu,
desajeitada,
dava dó.

Soube depois por nuvem experiente
que a nuvenzinha nova,
recém-evaporada de rio qualquer,
sentia terríveis acessos de vertigem.

Momento X

Na noturna areia da praia,
o seu nome escrevi,
depois o meu.

Relampejou.

Deus fotografou
pra sempre
os nossos nomes.

Construí no céu
o castelo do nosso amor.

Você chamou o castelo de nuvem,
e brigamos.

Momento XI

Naquela praia existe um morro,
naquele morro uma pedra existe,
naquela pedra jazia um peixe.

Impressionou-me o olhar daquele peixe.

Ele continha uma saudade enorme, fatal,
definitiva.

Custou-me lágrimas olhar o olhar daquele peixe.

Momento XII

Deus partiu as nossas mãos em dedos
para que pudéssemos
concretamente
entrelaçar os nossos ideais.

Momento XVII

Eu queria ler um jornal
que saudasse
em manchete
o início da primavera,
e depois
contasse
o número exato dos aviões que não caíram,
de pessoas que não morreram,
de flores que não murcharam.

Momento XVI

Nestas noites escuras,
em que se retiram as estrelas
para universos paralelos,
e que, nas ruas vazias,
caminham errantes sombras e ventos,
é que eu percebo
o que seria a minha vida sem você.

Momento XXV

A mesma árvore
pode se transformar em lenha
ou violino.

Depende do coração do homem
que a abateu.

Momento XIII

em memória de Mário Quintana

Se eu fosse passarinho,
rezaria todas as noites
ao deus dos passarinhos
para que você nascesse passarinha.

Índice

GRÁFICA PAYM
Tel. [11] 4392-3344
paym@graficapaym.com.br